Die Schafe laufen wild durcheinander. Wie viele Schafe laufen nach links und wie viele nach rechts? Male jeweils die passende Anzahl Punkte in die Pfeile.

Findest du den Schmetterling in den Bildern unten wieder?
Kreise das richtige Bild ein.

Aus welchem Ei ist das Küken geschlüpft? Kreise es ein.

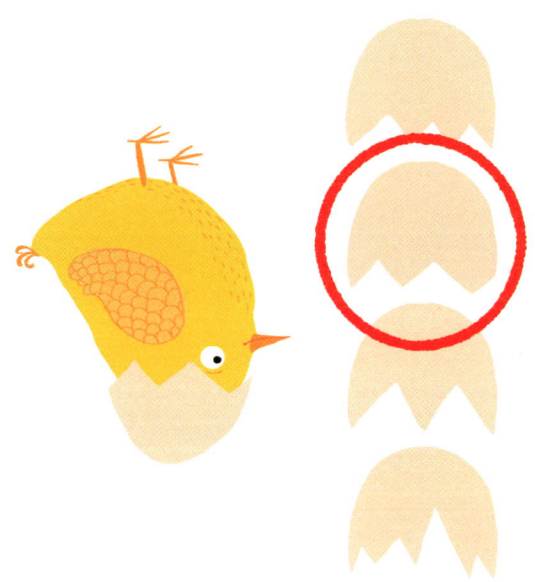

Schau dir das Bild genau an. Wie viele grüne, orange und gelbe
Raupen findest du in diesem Bild wieder? Trage entsprechend viele
Punkte in die Kästchen ein.

Welches Tier gehört in welchen Stall? Ordne den Tieren die richtigen Fußspuren zu, um sie zurück zum Stall zu führen.

Die Kaninchen sollen gefüttert werden. Was dürfen sie fressen? Kreise die passenden Dinge ein.

Die Enten schwimmen auf dem Teich. Doch ihre Spiegelbilder sind nicht ganz richtig! Umkreise die Fehler, die sich auf dem unteren Bild eingeschlichen haben.

Wie viele braune, weiße und gefleckte Kühe siehst du? Male die passende Anzahl Punkte in die Kästchen.

Die Bäuerin hat neue Schuhe und möchte eine passende Schürze anziehen. Welche passt? Male das Muster in den gleichen Farben an.

Welche der Ziegen ist Lenas Lieblingsziege? Sie ist braun, hat kleine Hörner und ein grünes Halstuch.

Das Küken schlüpft aus dem Ei, doch die Bilder sind durcheinandergeraten! Bringe sie in die richtige Reihenfolge. Male Würfelaugen
von 1 bis 4 in die Kästchen.

Hier stimmt doch was nicht! Was ist auf dem rechten Bild falsch?
Umkreise alle vier Unterschiede.

Das Pony möchte den Weg mit den meisten Karotten gehen. Hilf ihm dabei. Wie viele Karotten kann es essen? Male das Ergebnis mit Punkten in das Kästchen.

Welches Tier passt auf die Hoftiere auf? Verbinde die Punkte nach der Reihenfolge der Zahlen miteinander, um es herauszufinden.

Das Eselfohlen will zurück zu seiner Mama. Wie muss es gehen?
Zeichne den richtigen Weg mit deinem Stift nach.

Hier wurde viel geerntet. Wobei handelt es sich um Gemüse und wobei um Obst? Verbinde jedes Gemüse mit dem Sack und das Obst mit der Kiste.

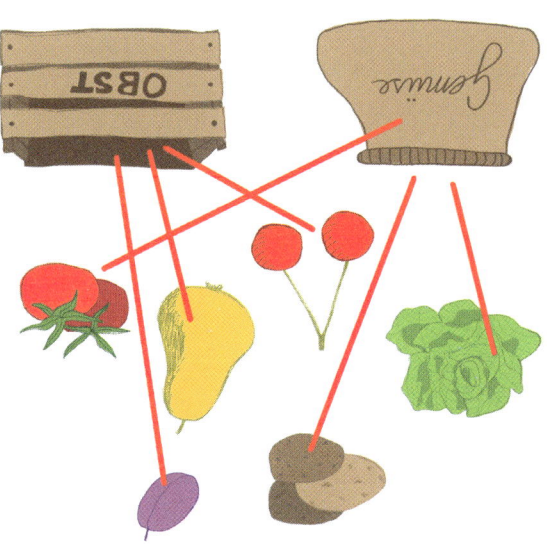

Wer wohnt wo? Verbinde.

Die Gans legt viel größere Eier als das Huhn. Wie viele Eier hat die Gans gelegt und wie viele das Huhn? Male alle Gänseeier blau an und male dann für jedes Ei einen Punkt in die jeweiligen Kästchen.

Die kleine Ziege ist ausgebüxt, um mit den Schafen zu spielen!
Kannst du sie entdecken? Kreise sie ein!

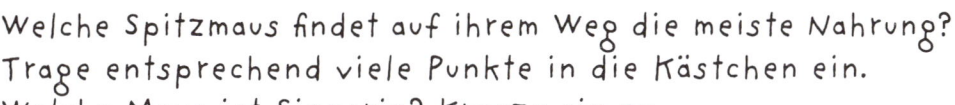

Welche Spitzmaus findet auf ihrem Weg die meiste Nahrung?
Trage entsprechend viele Punkte in die Kästchen ein.
Welche Maus ist Siegerin? Kreuze sie an.

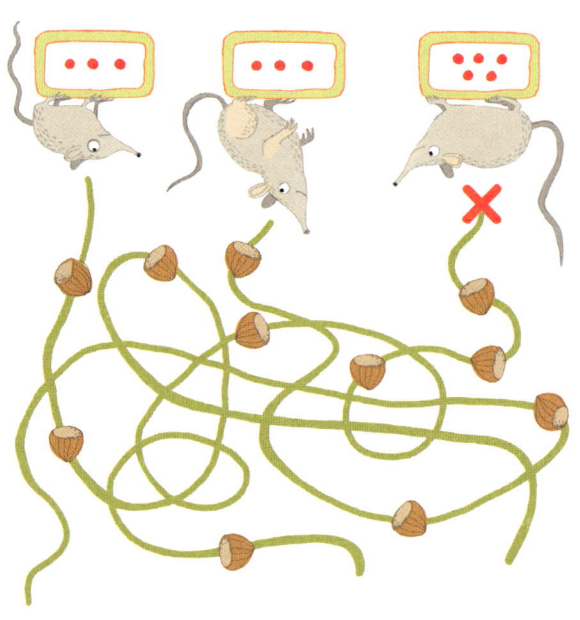

Welches Tierkind gehört zu welcher Tiermama? Verbinde sie!

So viele Eichhörnchen! Findest du das Eichhörnchen
im grünen Kreis noch einmal? Kreise es ein.

Schau genau, jeder Gans fehlt etwas. Findest du heraus, was?
Kreise ein.

Oh, hier stimmt was nicht! Die Bilder sind durcheinandergeraten!
Male Würfelaugen in der richtigen Reihenfolge in die Kästchen.

Wie viele Flecken hat die Kuh?
Male für jeden Fleck einen Punkt in das Wölkchen.

So zeichnest du einen Hasen:

Was ist das für ein Tier? Verbinde die Punkte.

Welches Tier passt hier nicht rein? Kreise es ein.

Was ist das für ein Tier? Verbinde die Punkte.

Welche Schnecke kam woher?
Markiere die Wege in verschiedenen Farben.

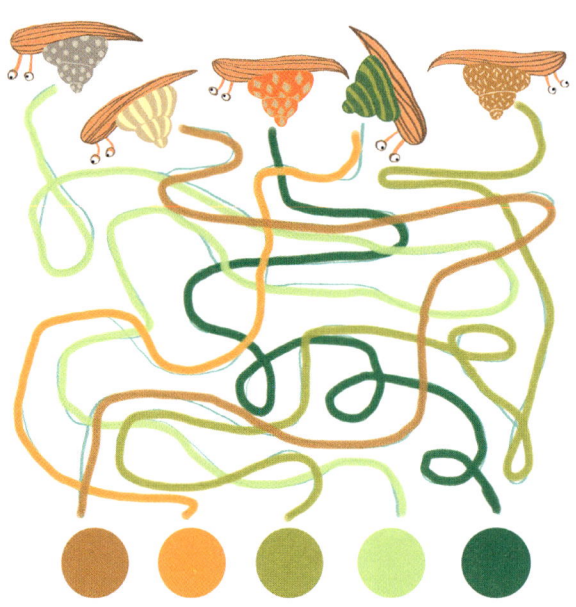

Welche 2 Kühe haben dasselbe Muster? Kreise sie ein.

Die Waschbären laufen wild durcheinander. Wie viele Waschbären laufen nach rechts und wie viele nach links? Male der Anzahl entsprechend Punkte in die Pfeile.

Welche Farben hat der Hahn? Löse die Rechenaufgaben und male die Bildflächen den Zahlen entsprechend aus.

Oh nein! Aus dem Bild wurde ein Stück ausgeschnitten! Weißt du, welcher Ausschnitt in das Bild passt? Kreise ihn ein.

Findest du den Marienkäfer in den Bildern unten wieder?
Kreise den richtigen Käfer ein.

Welche Tiere sind keine Säugetiere? Kreise sie ein.

Welche Schnecken haben die gleichen Häuser? Kreise die Schnecken ein, deren Häuser es nur einmal gibt.

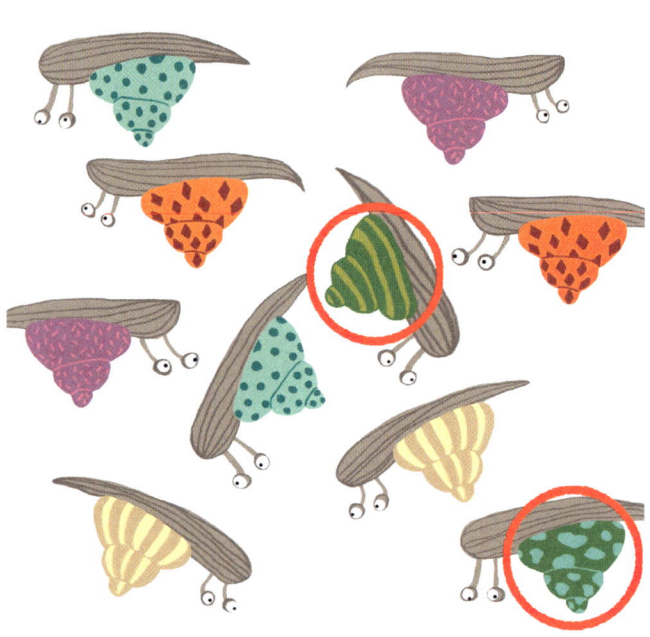

Die Küken haben sich vor dem Huhn versteckt.
Hilf der Hühnermama, sie zu finden, und kreise alle Küken ein.

Immer zwei Maikäfer sind gleich. Einer ist übrig. Kreise ihn ein.

Welche Biene sammelt auf ihrem Weg die meisten Pollen?
Fahre die Linien nach und zähle die Blüten. Trage entsprechend
viele Punkte in die Kästchen ein. Welche Biene gewinnt?

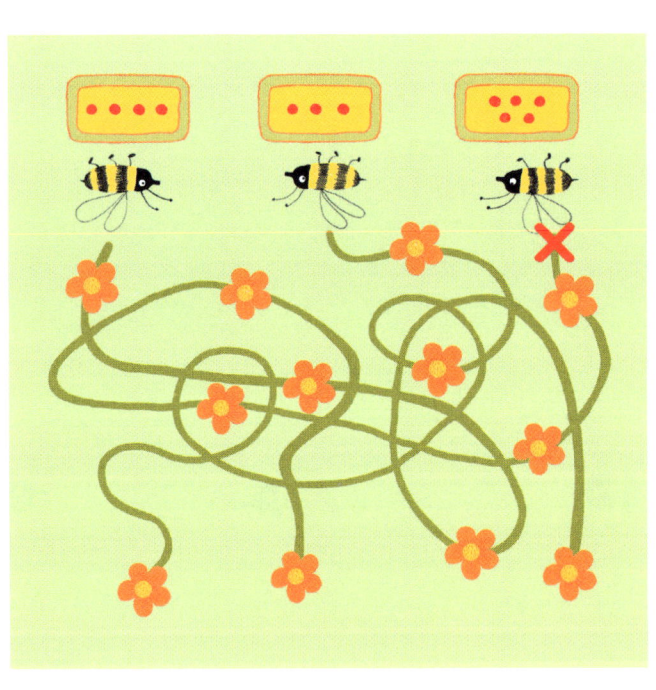

So viele schöne Schmetterlinge! Findest du den Schmetterling
im blauen Kreis noch einmal? Kreise ihn ein.

Hier haben sich acht Ostereier versteckt.
Kannst du alle finden? Kreise ein.

So viele bunte Vögelein! Verbinde alle Paare, die genau gleich aussehen. Ein Vogel bleibt übrig, kreise ihn ein.

Kannst du die Blütenblätter zählen?
Male für jedes Blatt einen Punkt in das Kästchen darunter.

Eine Raupe wird zum Schmetterling!
Bringe die Bilder in die richtige Reihenfolge.
Male Würfelaugen von 1 bis 4 in die Kästchen.

Ein Picknick! Findest du die Gegenstände im Bild wieder? Kreise ein.

Wie viele Blumen von jeder Sorte kannst du auf der Blumenwiese zählen? Trage entsprechend viele Punkte in die Kästchen ein.

Die Häschen lieben Löwenzahnblätter! Teile die Blätter gerecht auf, sodass jedes Häschen gleich viel bekommt. Kreise ein.

Die Küken sind frisch geschlüpft und laufen wild durcheinander.
Wie viele Küken laufen nach links, wie viele nach rechts?
Zähle und trage die entsprechende Zahl in die Pfeile ein.

Immer zwei Puzzleteile gehören zusammen. Verbinde.

Ein Schneckenfest!
Fahre ihre Häuschen nach und male sie bunt an.

Bringe die Bilder in die richtige Reihenfolge.
Male Würfelaugen von 1 bis 4 in die Kästchen.

Eine Pusteblume! Wie viele Schirmchen fliegen durch die Luft?
Male für jedes Schirmchen eine Löwenzahnblüte aus, die neu
wachsen wird.

Zähle die Punkte der Marienkäfer und verbinde sie mit der entsprechenden Zahl.

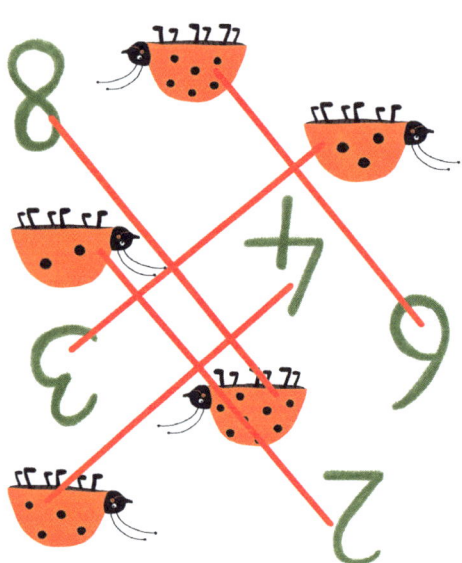

Hier stimmt doch was nicht! Was ist auf dem rechten Bild falsch?
Umkreise alle fünf Unterschiede.

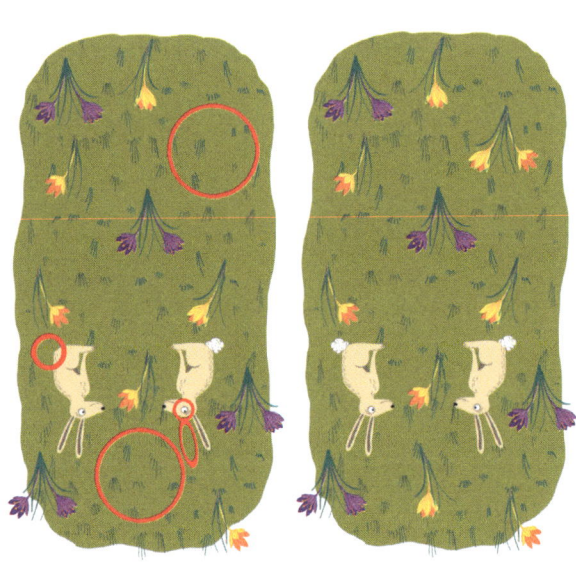

Die Hasenmutter sucht ihr Kind. Wie muss sie gehen?
Zeichne den richtigen Weg mit deinem Stift nach.

Welche Blüten sind gleich? Verbinde sie. Eine Blüte bleibt
übrig. Kreise sie ein.

Welcher Vogel findet auf seinem Weg die meisten Würmer?
Trage entsprechend viele Punkte in die Kästchen ein.

Welches Tier frisst was? Verbinde.

Wieviele Bienen fliegen nach rechts und wieviele nach links?
Zähle und trage entsprechend viele Punkte in die Pfeilkästchen ein.

Welcher Schatten gehört zu welchem Schmetterling? Verbinde.

Hier stimmt doch was nicht! Was ist auf dem rechten Bild falsch?
Umkreise alle fünf Unterschiede.

Wie schön: Eine Wiese voller Osterglocken.
Verbinde die zwei Gleichen. Eine bleibt über. Kreise sie ein.

Die Hasenkinder haben sich vor der Mutter versteckt.
Hilf der Hasenmama sie zu finden und kreise alle Hasenkinder ein.

Was für eine Blume ist das?
Verbinde die Zahlen von 1 bis 10.

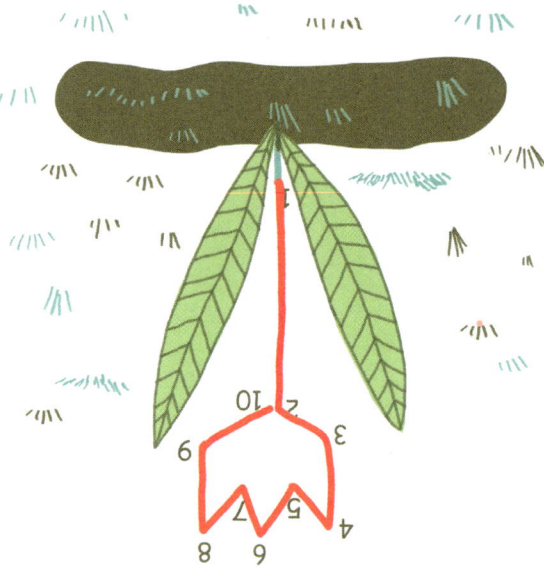

Welcher Bildausschnitt fehlt? Kreise den Richtigen unten ein.

Das Vogelbaby möchte zurück zum Nest. Hilfst du ihm?
Wie muss es fliegen? Zeichne den richtigen Weg mit deinem
Stift nach.

Wieviele Spinnenbabies findest du?
Trage entsprechend viele Punkte in das Kästchen ein.

Der Spatz sucht Krümel. Verbinde sie.

Das sind aber schöne Eier! Verbinde alle gleichen Eier.
Ein Ei bleibt übrig. Kreise es ein.

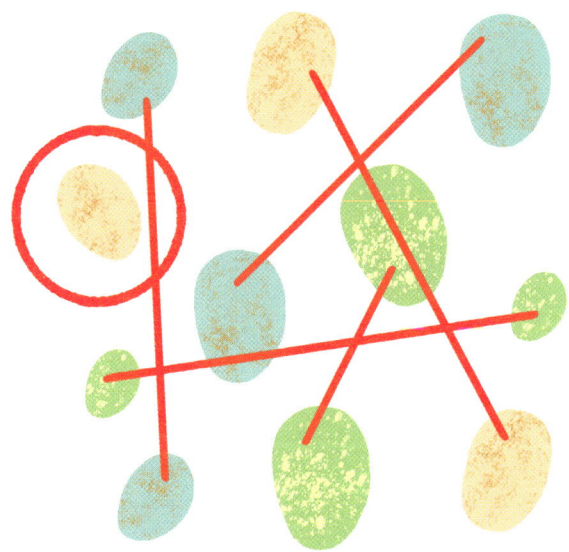

Das Storchjunge wird groß und verlässt schließlich das Nest!
Bringe die Bilder in die richtige Reihenfolge.
Male Würfelaugen von 1 bis 4 in die Kästchen.

Der Maulwurf sucht den richtigen Ausgang — welcher Weg führt ihn nach draussen?

© 2025 arsEdition GmbH
Friedrichstraße 9, D-80801 München
Alle Rechte vorbehalten
Illustration und Konzept: Eleanor Sommer
ISBN 978-3-8458-6055-8

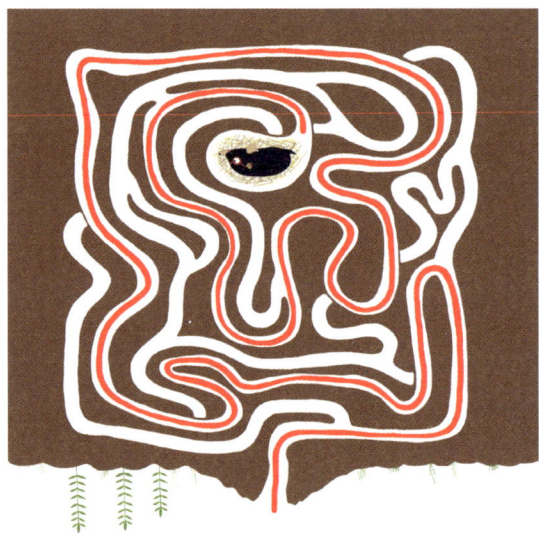